Impressum
Verlag: BABADADA GmbH, Nedderfeld 112 , 22529 Hamburg
Geschäftsführer / Verlagsleitung: Harald Hof
Druck: Books on Demand GmbH, In de Tarpen 42, 22848 Norderstedt

Imprint
Publisher: BABADADA GmbH, Nedderfeld 112 , 22529 Hamburg, Germany
Managing Director / Publishing direction: Harald Hof
Print: Books on Demand GmbH, In de Tarpen 42, 22848 Norderstedt

escola

школа

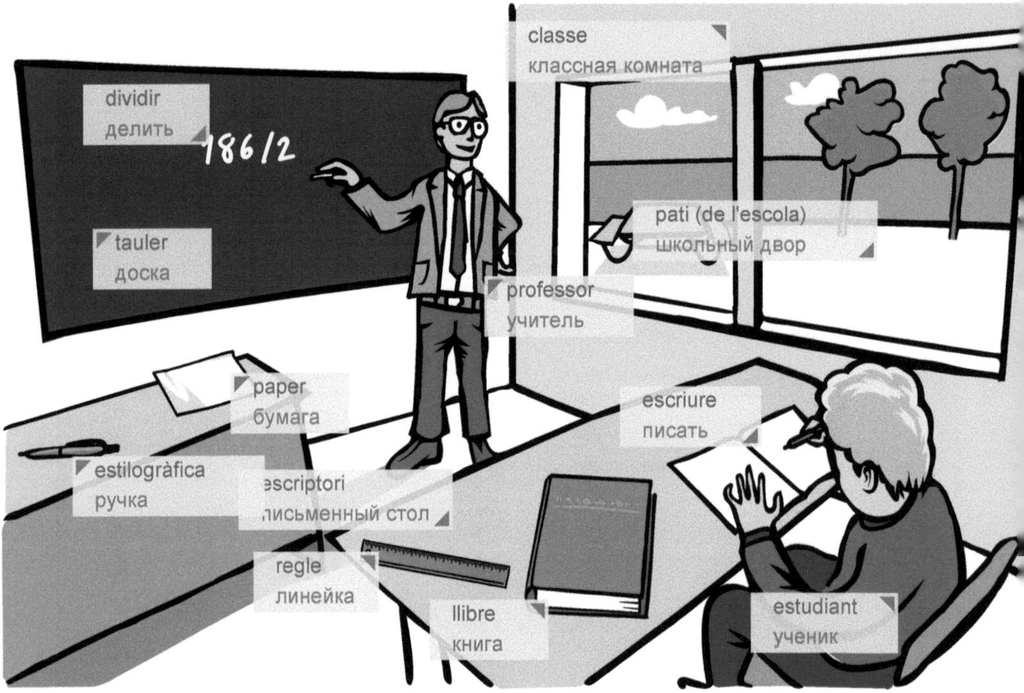

classe
классная комната
dividir
делить
186/2
tauler
доска
pati (de l'escola)
школьный двор
professor
учитель
paper
бумага
escriure
писать
estilogràfica
ручка
escriptori
письменный стол
regle
линейка
llibre
книга
estudiant
ученик

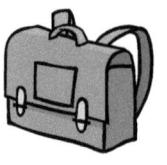

bossa

ранец

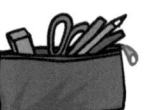

estoig

пенал

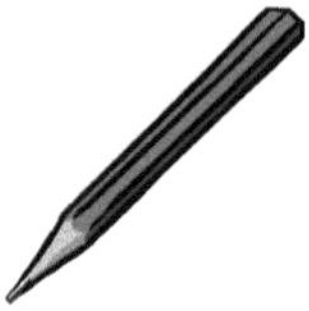

llapis

карандаш

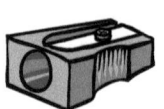

maquineta de fer punta

точилка

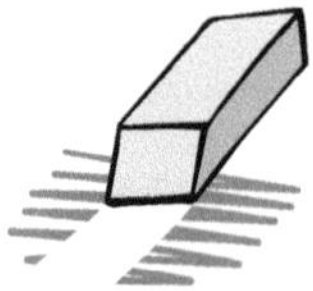

goma

ластик

bloc de dibuix

альбом для рисования

dibuix

рисунок

pinzell

кисточка

capsa de pintures

коробка красок

tisores

ножницы

cola

клей

quadern d'exercicis

тетрадь

deures

домашняя работа

nombre

цифра

afegir

прибавлять

sostreure

вычитать

multiplicar

умножать

calcular

считать

lletra

буква

alfabet

алфавит

mot

слово

text

текст

llegir

читать

guix

мел

lliçó

урок

llibre de classe

классный журнал

examen

экзамен

certificat

диплом

uniforme escolar

школьная форма

formació

образование

enciclopèdia

энциклопедия

universitat

университет

microscopi

микроскоп

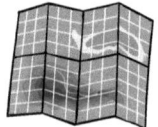

mapa

карта

paperera

корзина для бумаг

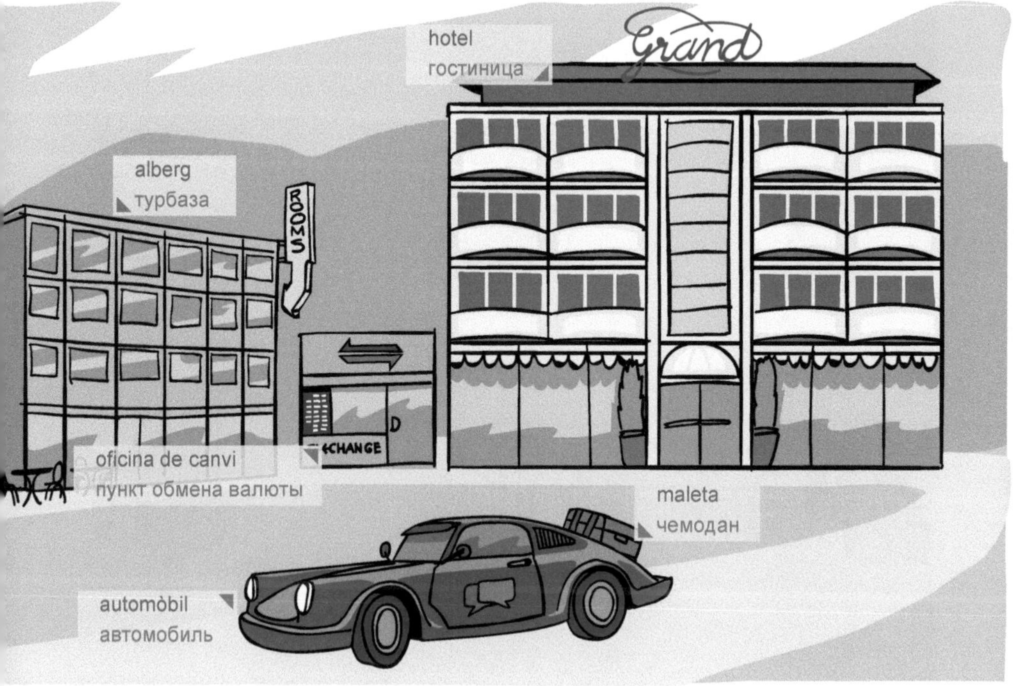

hotel
гостиница
Grand
alberg
турбаза
ROOMS
EXCHANGE
oficina de canvi
пункт обмена валюты
maleta
чемодан
automòbil
автомобиль

llengua
язык

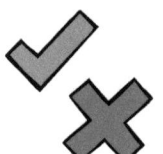

sí / no
да / нет

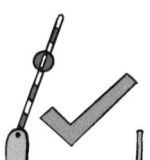

D'acord
хорошо

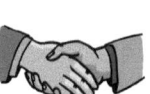

Ey!
Привет

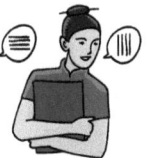

traductora
переводчик

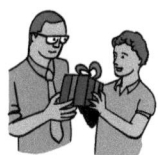

gràcies
Спасибо

Quant costa... ?

Сколько стоит...?

No entenc

Я не понимаю

problema

проблема

Bona nit!

Добрый вечер!

bon dia!

Доброе утро!

bona nit!

Доброй ночи!

fins aviat

До свидания

direcció

направление

bagatge

багаж

bossa

сумка

sarrona

рюкзак

convidat

гость

cambra

комната

sac de dormir

спальный мешок

tenda

палатка

oficina de turisme

туристическая информация

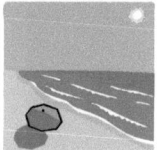

platja

пляж

carta de crèdit

кредитная карточка

esmorzar

завтрак

dinar

обед

sopar

ужин

bitllet

билет

ascensor

лифт

segell

почтовая марка

frontera

граница

duana

таможня

ambaixada

посольство

visat

виза

passaport

паспорт

transport
транспорт

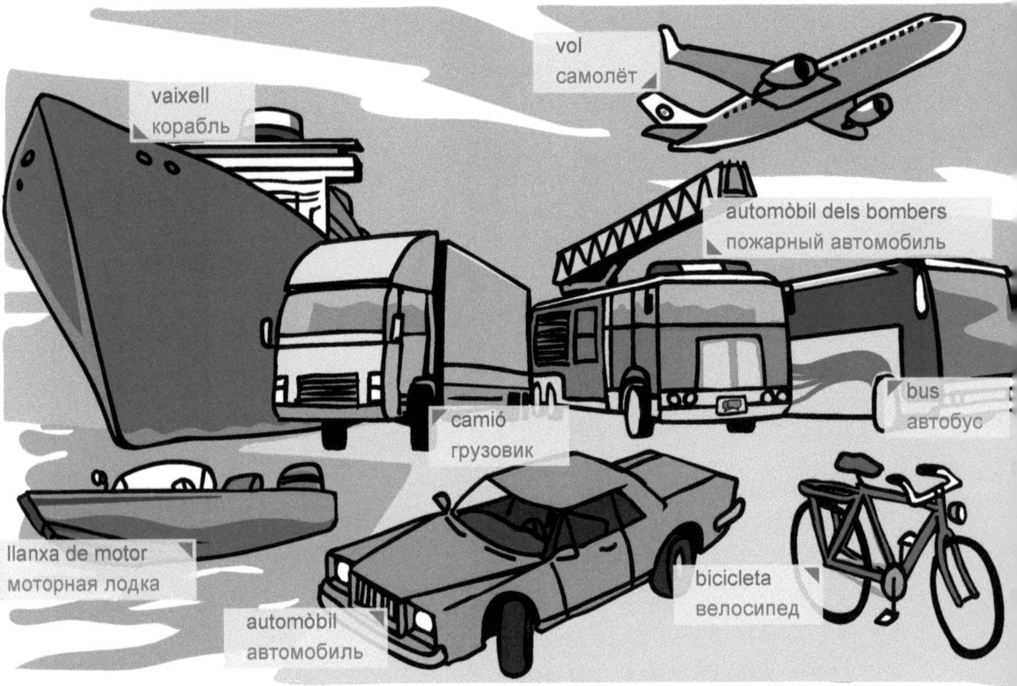
vol
самолёт
vaixell
корабль
automòbil dels bombers
пожарный автомобиль
bus
автобус
camió
грузовик
llanxa de motor
моторная лодка
bicicleta
велосипед
automòbil
автомобиль

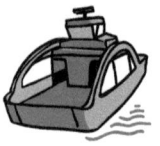

transbordador

паром

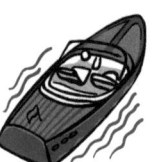

barca

лодка

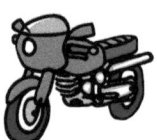

moto

мотоцикл

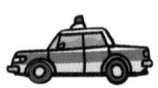

automòbil de policia

полицейский автомобиль

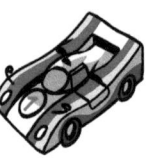

automòbil de curses

гоночный автомобиль

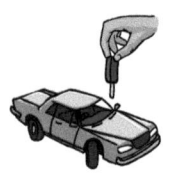

automòbil de lloguer

арендованный автомобиль

vehicle compartit

совместное пользование
автомобилями

grua

буксировочный
автомобиль

camió de les escombraries

мусоровоз

motor

двигатель

benzina

топливо

benzineria

заправка

senyal de trànsit

дорожный знак

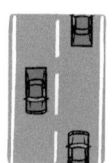

trànsit

движение

embús

пробка

aparcament

автостоянка

estació de trens

вокзал

vies

рельсы

tren

поезд

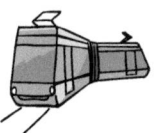

tramvia

трамвай

vagó

вагон

helicòpter

вертолёт

aeroport

аэропорт

torre

вышка

passatger

пассажир

contenidor

контейнер

capsa de cartó

коробка

carretó

тележка

cistella

корзина

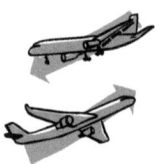

enlairar-se / aterrar

взлетать / приземляться

ciutat

город

poble

деревня

centre de la ciutat

центр города

casa

дом

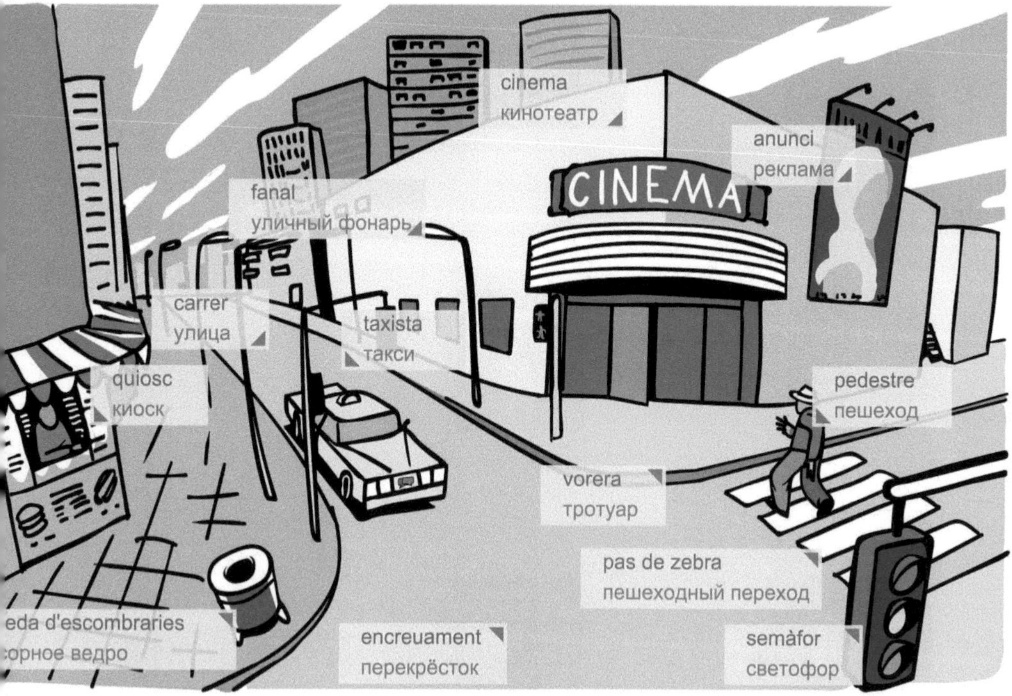

cinema
кинотеатр

anunci
реклама

fanal
уличный фонарь

carrer
улица

taxista
такси

quiosc
киоск

pedestre
пешеход

vorera
тротуар

pas de zebra
пешеходный переход

eda d'escombraries
орное ведро

encreuament
перекрёсток

semàfor
светофор

cabana

хижина

apartament

квартира

estació de trens

вокзал

casa de la vila-ciutat

ратуша

museu

музей

escola

школа

ciutat - город

universitat

университет

banca

банк

hospital

больница

hotel

гостиница

farmàcia

аптека

oficina

офис

llibreria

книжный магазин

botiga

магазин

floristeria

цветочный магазин

supermercat

супермаркет

mercat

рынок

gran magatzem

универмаг

peixateria

торговец рыбой

centre comercial

торговый центр

port

порт

parc

парк

banc

скамейка

pont

мост

escala

лестница

metro

метро

túnel

тоннель

parada d'autobús

автобусная остановка

bar

бар

restaurant

ресторан

bústia de correu

почтовый ящик

senyal indicador

табличка с названием улицы

parquímetre

паркометр

zoo

зоопарк

piscina

бассейн

mesquita

мечеть

ciutat - город

granja

ферма

pol·lució

загрязнение окружающей среды

cementiri

кладбище

església

церковь

parc infantil

детская площадка

temple

храм

paisatge
ландшафт

fulla
лист

cartell indicador
дорожный указатель

camí
дорога

prat
луг

pedra
камень

arbre
дерево

excursionista
путешественник

riu
река

gespa
трава

flor
цветок

vall
долина

muntanya
гора

llac
озеро

bosc
лес

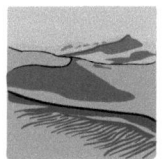

desert
пустыня

volcà
вулкан

castell
замок

arc de Sant Martí
радуга

bolet
гриб

palmera
пальма

moscard
комар

mosca
муха

formiga
муравей

abella
пчела

aranya
паук

escarabat

жук

granota

лягушка

esquirol

белка

eriçó

еж

llebre

заяц

òliba

сова

ocell

птица

cigne

лебедь

senglar

кабан

cervo

олень

ant

лось

presa

плотина

turbina

ветряной генератор

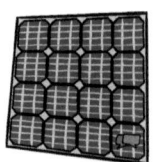

panell solar

солнечная батарея

clima

климат

restaurant

ресторан

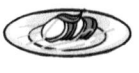

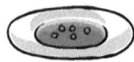

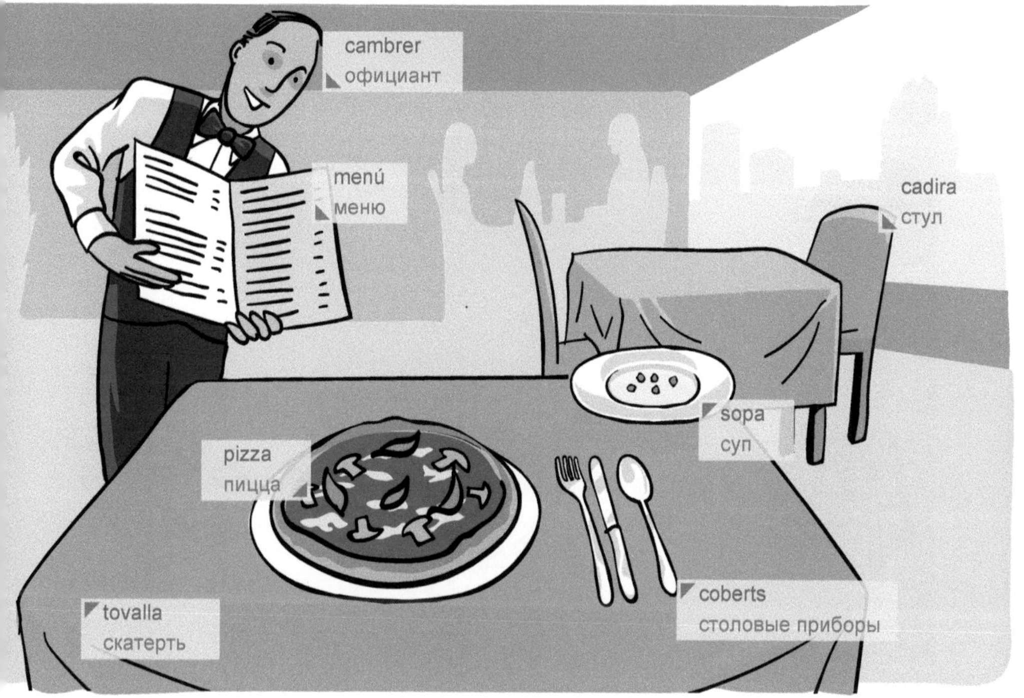
cambrer
официант
menú
меню
cadira
стул
sopa
суп
pizza
пицца
tovalla
скатерть
coberts
столовые приборы

primer plat

закуска

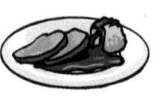

plat principal

главное блюдо

darreries

десерт

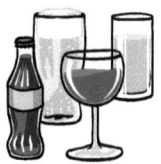

begudes

напитки

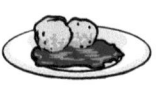

menjar

еда

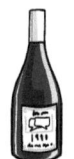

ampolla

бутылка

menjar ràpid

фастфуд

menjar de carrer

уличная еда

tetera

чайник

sucrer

сахарница

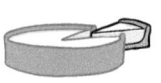

porció

порция

màquina d'espresso

кофеварка

trona

детский стульчик

factura

счет

plata

поднос

ganivet

нож

forqueta

вилка

cullera

ложка

cullereta

чайная ложка

tovalló

салфетка

got

стакан

plat

тарелка

plat de sopa

суповая тарелка

plateret

блюдце

salsa

соус

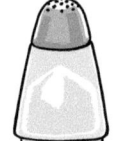

saler

солонка

molinet de pebre

мельница для перца

vinagre

уксус

oli

масло

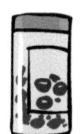

espècies

специи

quètxup

кетчуп

mostassa

горчица

maionesa

майонез

supermercat

супермаркет

oferta especial
специальное предложение
FOR
client
покупатель
productes lactis
молочные продукты
fruites
фрукты
carret de la compra
тележка для покупок

BUTCHERS

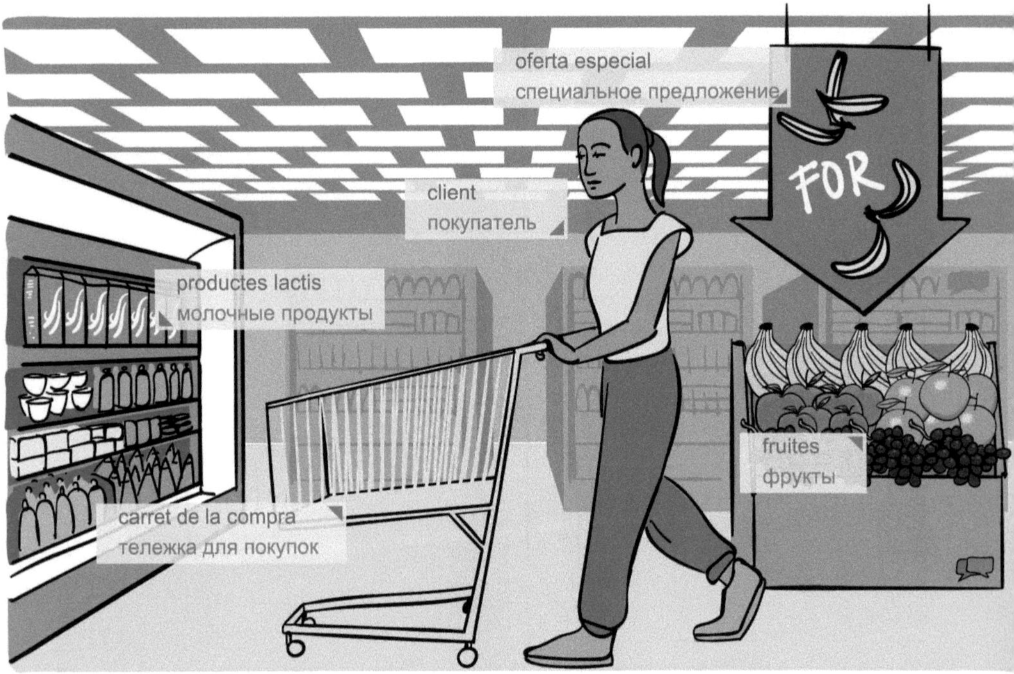

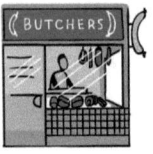

carnisseria

мясной магазин

BAKERY

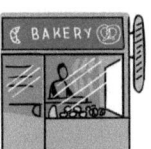

forn de pa

пекарня

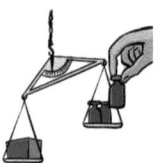

pesar

взвешивать

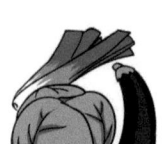

verdures

овощи

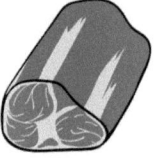

carn

мясо

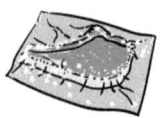

menjar congelat

быстрозамороженные продукты

carn freda

нарезка

conserves

консервы

detergent en pols

стиральный порошок

dolços

сладости

articles domèstics

предмет домашнего обихода

productes de neteja

моющее средство

venedora

продавщица

caixa registradora

касса

caixera

кассир

llista de la compra

список покупок

horari d'obertura

время работы

portamonedes

бумажник

carta de crèdit

кредитная карточка

bossa

сумка

bossa de plàstic

полиэтиленовый пакет

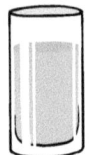

aigua

вода

suc

сок

llet

молоко

coca-cola

кока-кола

vi

вино

cervesa

пиво

alcohol

алкоголь

cacau

какао

te

чай

cafè

кофе

espresso

эспрессо

cappuccino

капучино

banana

банан

poma

яблоко

taronja

апельсин

síndria

арбуз

llimona

лимон

pastanaga

морковь

all

чеснок

bambú

бамбук

ceba

лук

bolet

гриб

avellanes

орехи

fideus

лапша

espaguetis

спагетти

arròs

рис

amanida

салат

patates fregides

картофель фри

patates fregides

жареный картофель

pizza

пицца

hamburguesa

гамбургер

entrepà

сэндвич

escalopa

шницель

cuixot

ветчина

salami

салями

salsitxa

колбаса

pollastre

курица

rostit

жаркое

peix

рыба

flocs de civada

овсяные хлопья

musli

мюсли

cereals

кукурузные хлопья

farina

мука

croissant

круассан

panet

булочка

pa

хлеб

torrada

тост

bescuits

печенье

mantega

масло

mató

творог

pastís

пирог

ou

яйцо

ou fregit

яичница

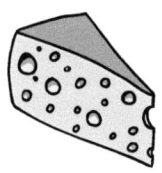

formatge

сыр

gelat

мороженое

sucre

сахар

mel

мёд

melmelada

мармелад

crema de xocolata

крем с нугой

curri

карри

granja

ферма

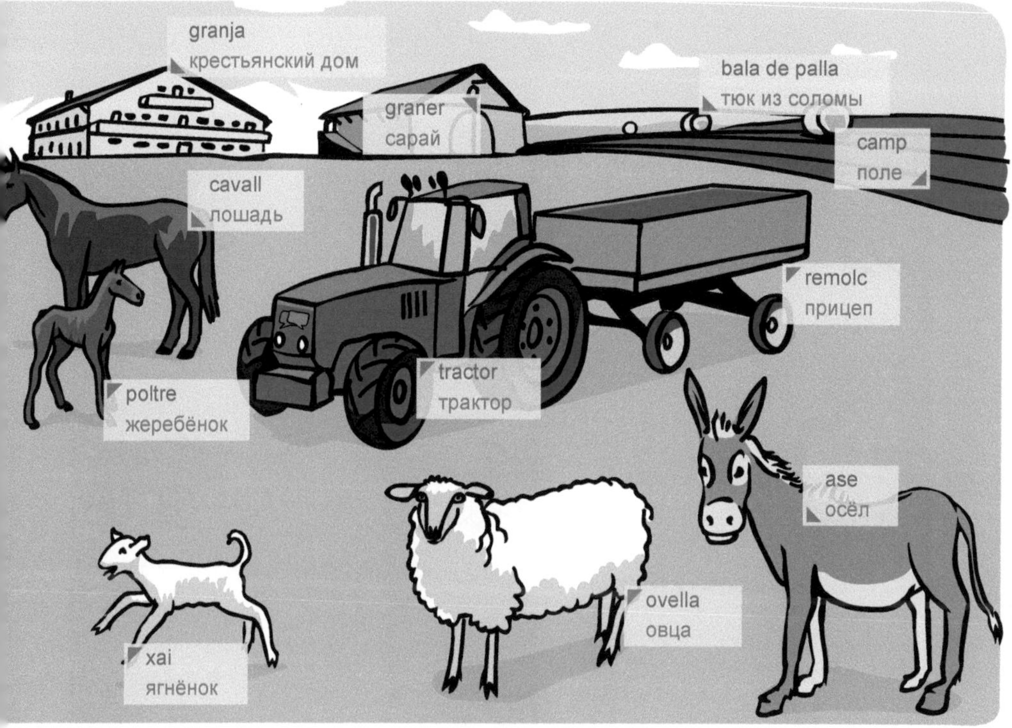
granja
крестьянский дом
graner
сарай
bala de palla
тюк из соломы
camp
поле
cavall
лошадь
remolc
прицеп
tractor
трактор
poltre
жеребёнок
ase
осёл
ovella
овца
xai
ягнёнок

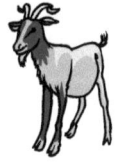

cabra

коза

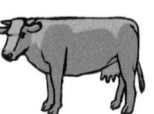

vaca

корова

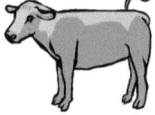

vedella

телёнок

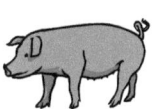

porc

свинья

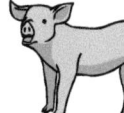

garrí

поросёнок

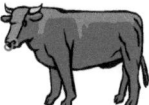

bou

бык

oca

гусь

ànec

утка

poll

цыплёнок

gall

курица

gallina

петух

rata

крыса

gat

кошка

ratolí

мышь

bou

вол

gos

собака

gossera

конура

mànega de regar

садовый шланг

regadora

лейка

dalla

коса

arada

плуг

falç

серп

aixada

мотыга

forca

навозные вилы

destral

топор

carretó

тачка

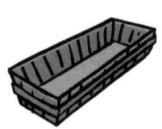

abeurador

корыто

lletera

бидон для молока

sac

мешок

tanca

забор

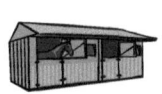

establa

хлев

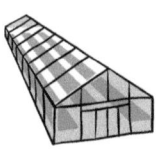

hivernacle

теплица

sòl

почва

llavor

посев

adob

удобрение

collidora

комбайн

granja - ферма

collir

собирать урожай

collita

урожай

nyam

ямс

blat

пшеница

soja

соя

patata

картофель

blat de moro o d'indi

кукуруза

colza

рапс

arbre fruiter

фруктовое дерево

mandioca

маниок

cereals

злаки

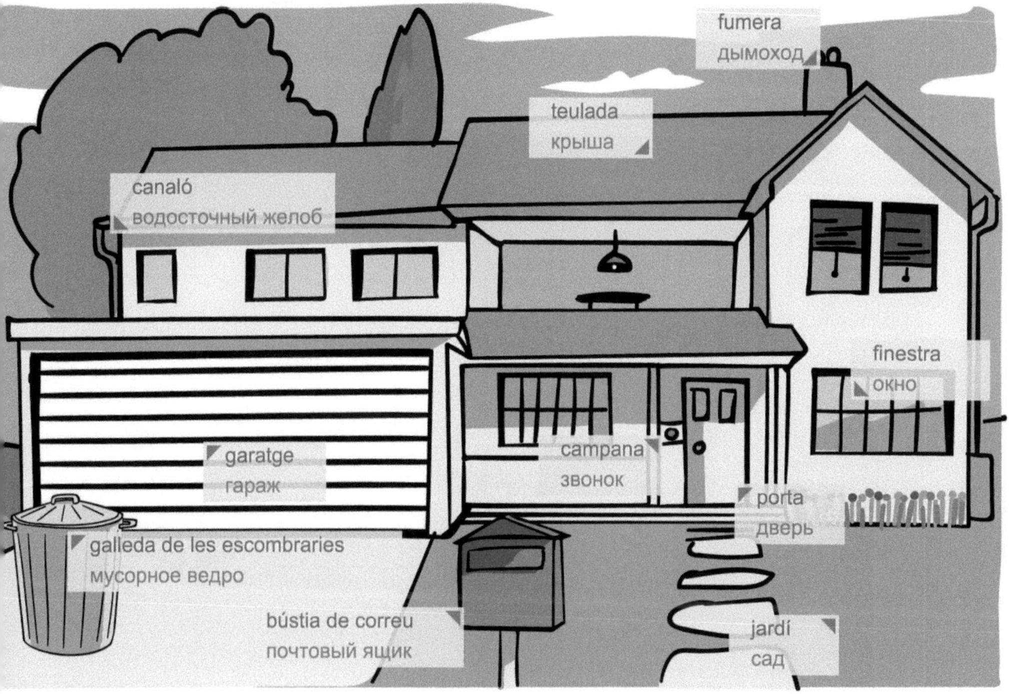

fumera
дымоход

teulada
крыша

canaló
водосточный желоб

finestra
окно

garatge
гараж

campana
звонок

porta
дверь

galleda de les escombraries
мусорное ведро

bústia de correu
почтовый ящик

jardí
сад

sala d'estar

гостиная

bany

ванная комната

cuina

кухня

cambra de dormir

спальня

cambra de nen

детская комната

menjador

столовая

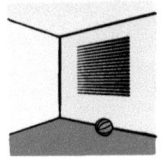

sòl
пол

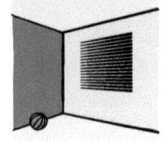

paret
стена

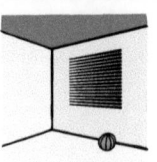

sostre
потолок

soterrani
подвал

sauna
сауна

balcó
балкон

terrassa
терраса

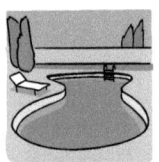

piscina
бассейн

tallagespa
газонокосилка

vànova
пододеяльник

cobrellit
покрывало

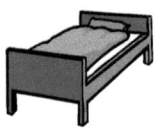

llit
кровать

escombra
метла

galleda
ведро

interruptor
выключатель

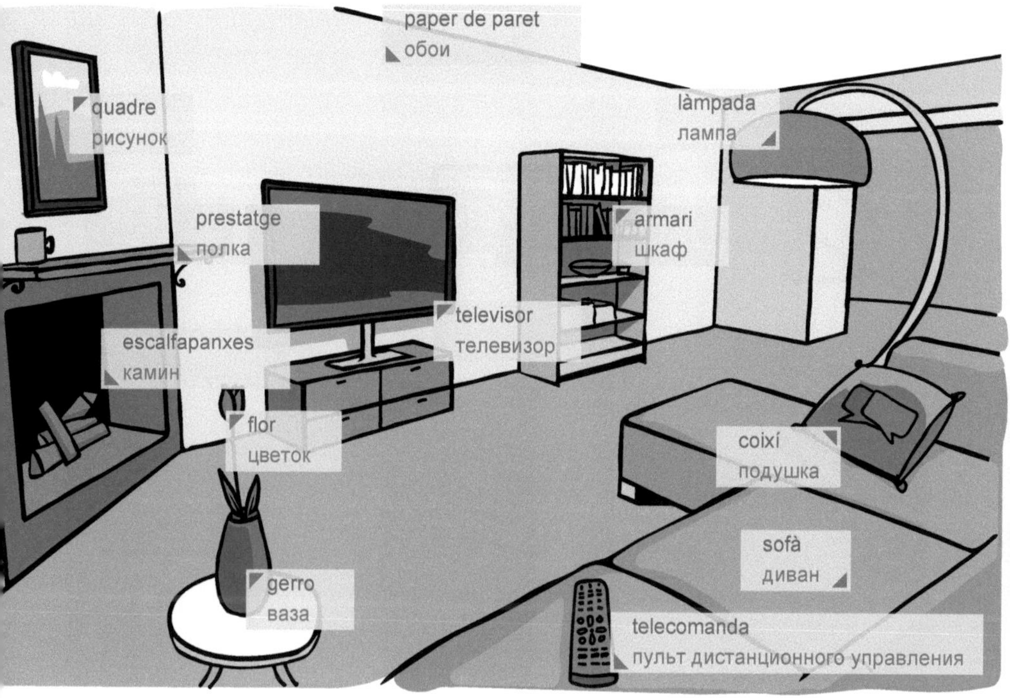

paper de paret
обои

quadre
рисунок

làmpada
лампа

prestatge
полка

armari
шкаф

escalfapanxes
камин

televisor
телевизор

flor
цветок

coixí
подушка

sofà
диван

gerro
ваза

telecomanda
пульт дистанционного управления

catifa
ковёр

cortina
штора

taula
стол

cadira
стул

cadira gronxadora
кресло-качалка

cadiral
кресло

llibre

книга

llençol

покрывало

decoració

украшение

llenya

дрова

film

фильм

cadena de música

стереосистема

clau

ключ

diari

газета

pintura

картина

cartell

плакат

ràdio

радио

bloc de notes

блокнот

aspiradora

пылесос

cactus

кактус

candela

свеча

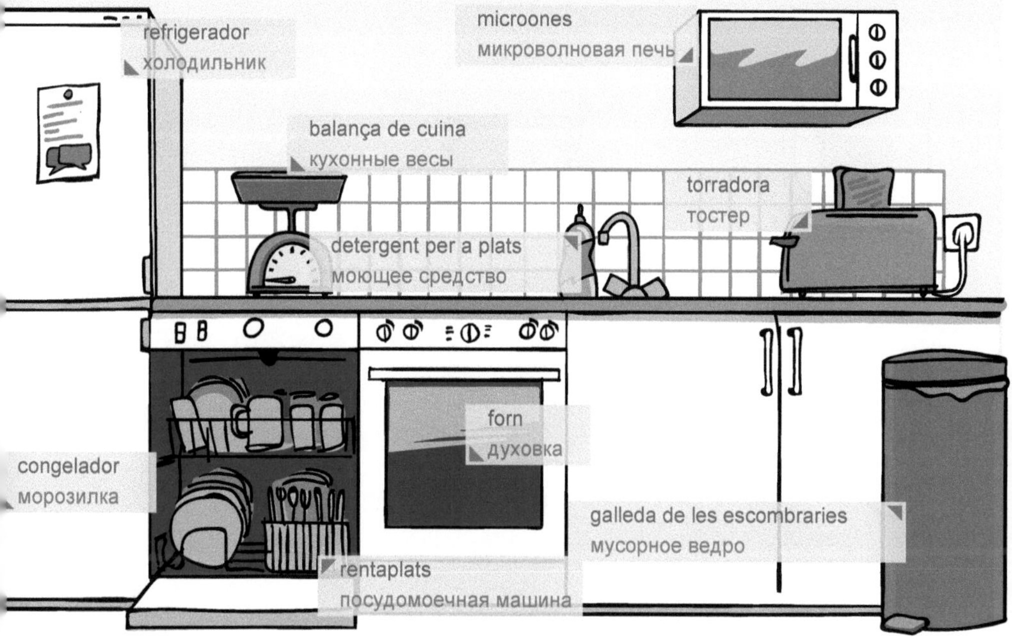

refrigerador
холодильник

microones
микроволновая печь

balança de cuina
кухонные весы

torradora
тостер

detergent per a plats
моющее средство

forn
духовка

congelador
морозилка

galleda de les escombraries
мусорное ведро

rentaplats
посудомоечная машина

cuina de fogons

плита

olla

кастрюля

olla de ferro colat

чугунный котелок

wok / karahi

вок / кадай

paella

сковорода

bullidor

чайник

olla de vapor

пароварка

plata de forn

противень

vaixella

посуда

tassa grossa

кружка

bol

миска

bastonets xinesos

палочки для еды

culler

половник

espàtula

лопатка

batedor

сбивалка

colador

сито

sedàs

сито

ratllador

тёрка

morter

ступка

barbacoa

гриль

foc a terra

костёр

taula de tallar

доска

corró

скалка

llevataps

штопор

pot de conserva

жестяная банка

obridor

консервный нож

agafador

прихватка

aigüera

раковина

raspall

щетка

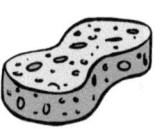

esponja

губка

batedora

миксер

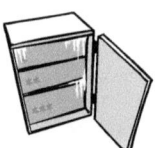

congelador

морозильная камера

biberó

бутылочка для кормления

aixeta

кран

bany

ванная комната

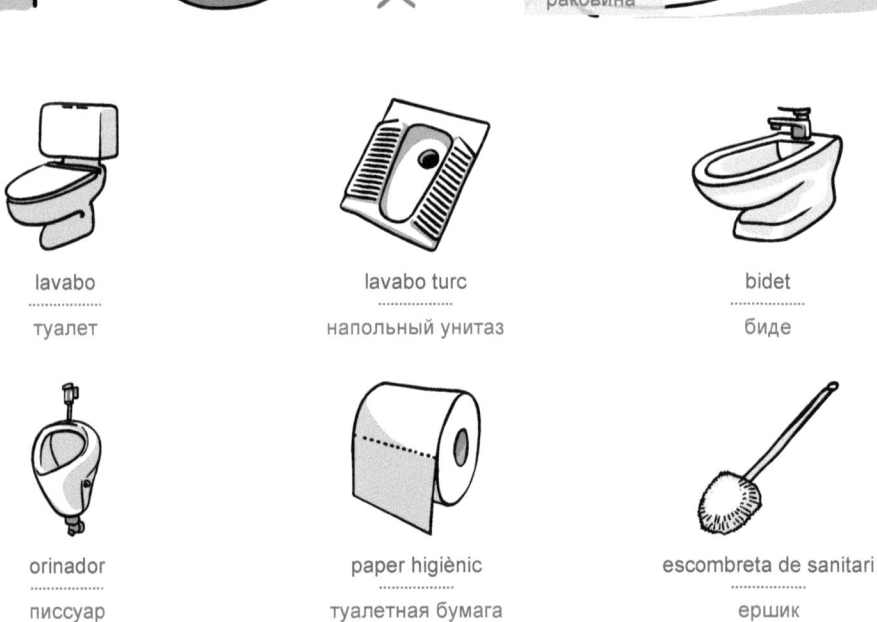

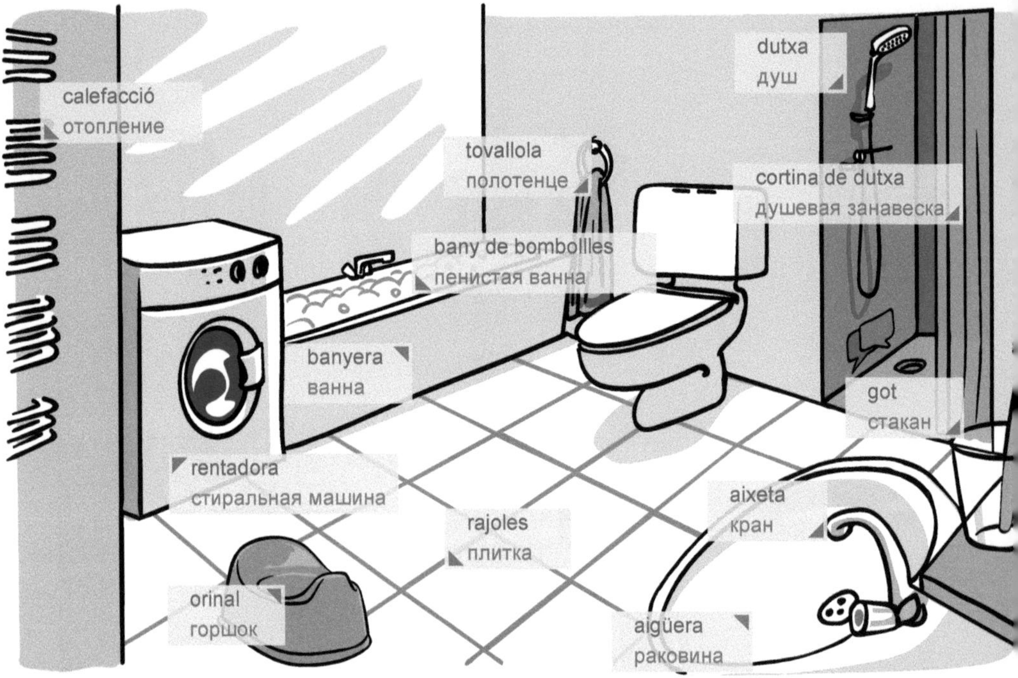

calefacció
отопление
tovallola
полотенце
dutxa
душ
cortina de dutxa
душевая занавеска
bany de bombollles
пенистая ванна
banyera
ванна
got
стакан
rentadora
стиральная машина
aixeta
кран
rajoles
плитка
orinal
горшок
aigüera
раковина

lavabo

туалет

lavabo turc

напольный унитаз

bidet

биде

orinador

писсуар

paper higiènic

туалетная бумага

escombreta de sanitari

ершик

raspall de dents

зубная щетка

pasta de dents

зубная паста

fil dental

зубная нить

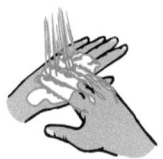

rentar

мыть

pom de dutxa

ручной душ

dutxa íntima

интимный душ

rentamans

таз

raspall per a l'esquena

щетка для спины

sabó

мыло

gel de dutxa

гель для душа

xampú

шампунь

manyopla de bany

мочалка

bonera

сток

crema

крем

desodorant

дезодорант

mirall

зеркало

mirall-espill de mà

ручное зеркало

maquineta de rasar

бритва

espuma de barbejar

пена для бритья

loció post-rasada

лосьон после бритья

pinta

расческа

raspall

щетка

eixugador

фен

laca

лак для волос

maquillatge

косметика

pintallavis

губная помада

esmalt d'ungles

лак для ногтей

cotó

вата

tallaungles

маникюрные ножницы

perfum

духи

estoig de bellesa

косметичка

tamboret

табуретка

bàscula

весы

barnús

халат

guants de goma

резиновые перчатки

compresa higiènica

тампон

compresa

гиеническая прокладка

sanitari químic

биотуалет

cambra de nen

детская комната

despertador
будильник
animal de peluix
мягкая игрушка
auto de joguina
игрушечный автомобиль
sonall
погремушка
casa de nines
кукольный домик
present
подарок

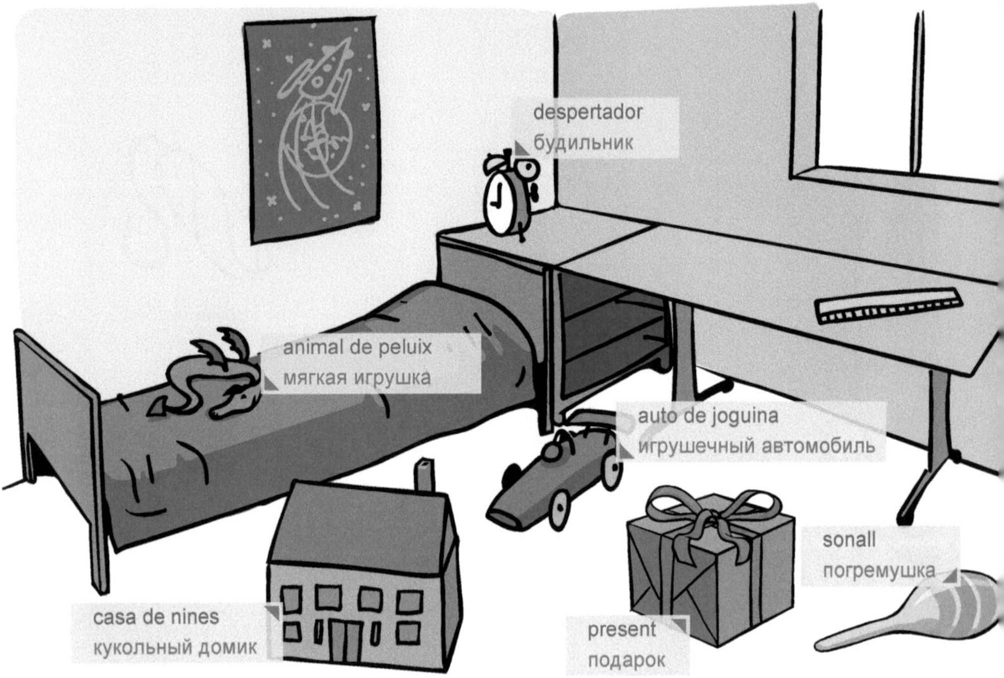

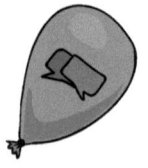

baló

воздушный шар

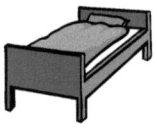

llit

кровать

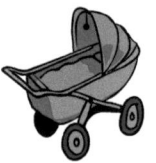

cotxet per a nens

детская коляска

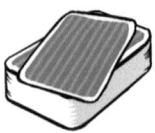

joc de cartes

карточная игра

trencaclosca

пазл

SUPER
MEGA

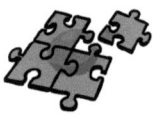

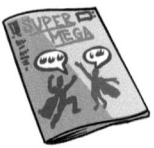

historieta

комикс

peces de lego	peces de construcció	ninot d'acció
кирпичики Лего	кубики	игрушечная фигурка

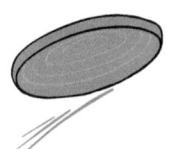
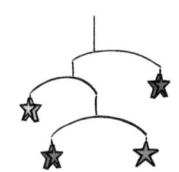

granota	frisbee	mòbil per a bressol
ползунки	фрисби	мобиле

joc de taula	daus	tren elèctric
настольная игра	кубик	модель железной дороги

xumet	festa	llibre de dibuixos
соска	вечеринка	книга с картинками

pilota	nina	jugar
мяч	кукла	играть

sorrera

песочница

gronxador

качели

joguines

игрушка

consola de jocs de vídeo

игровая приставка

tricicle

трёхколесный велосипед

osset de peluix

плюшевый медвежонок

armari

шкаф для одежды

roba

одежда

mitjons

носки

mitges

чулки

mitja pantaló

колготки

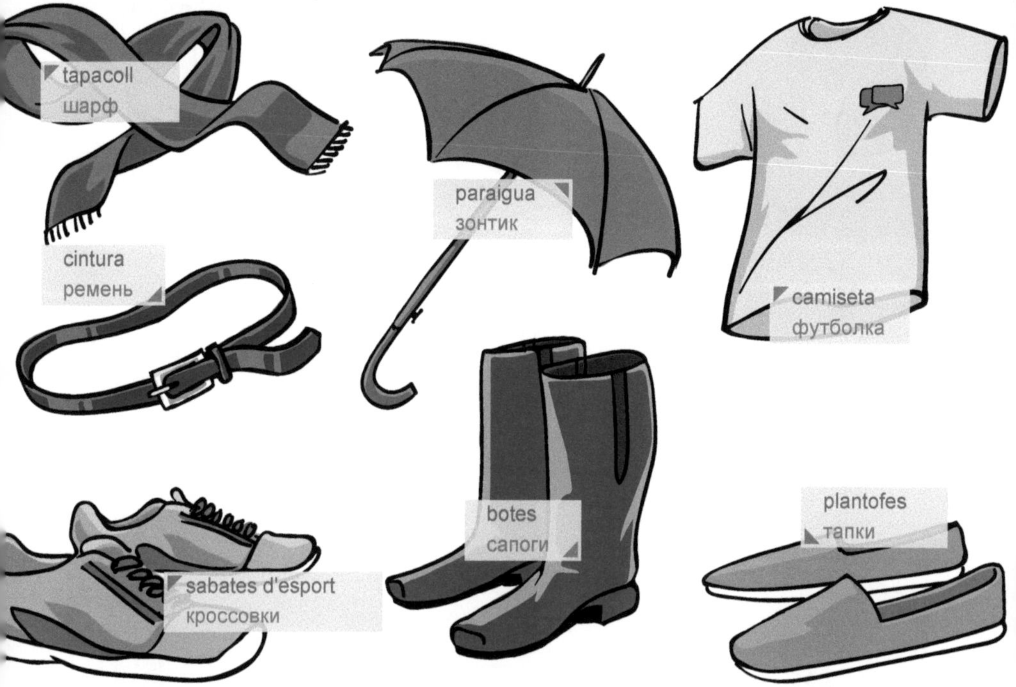

tapacoll
шарф

paraigua
зонтик

camiseta
футболка

cintura
ремень

botes
сапоги

plantofes
тапки

sabates d'esport
кроссовки

sandàlies

сандалии

sabates

ботинки

botes de goma

резиновые сапоги

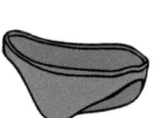

calçonets

трусы

sostenidor

бюстгальтер

guardapits

майка

jjustacòs

боди

pantalons

брюки

jeans

джинсы

faldeta

юбка

brusa

блузка

camisa

рубашка

jersei

свитер

dessuadora

свитер

blazer

спортивная куртка

jaqueta

жакет

mantell

пальто

impermeable

плащ

vestit de dona

костюм

vestit de dona

платье

vestit de núvia

свадебное платье

vestit d'home

мужской костюм

camisa de dormir

ночная сорочка

pijama

пижама

sari

сари

mocador de cap

платок

turbant

тюрбан

burca

паранджа

caftan

кафтан

abaia

абайя

vestit de bany

купальник

calçon(et)s de bany

плавки

pantalons curts

шорты

xandall

спортивный костюм

davantal

фартук

guants

перчатки

botó

пуговица

ulleres

очки

braçalet

браслет

collaret

цепочка

anell

кольцо

orellera

серьга

casquet

шапка

penjador

вешалка

capell

шляпа

corbata

галстук

cremallera

застежка молния

casc

шлем

elàstics

подтяжки

uniforme escolar

школьная форма

uniforme

форма

pitet

детский нагрудник

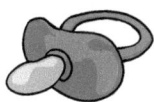

xumet

соска

bolquer

подгузник

oficina

офис

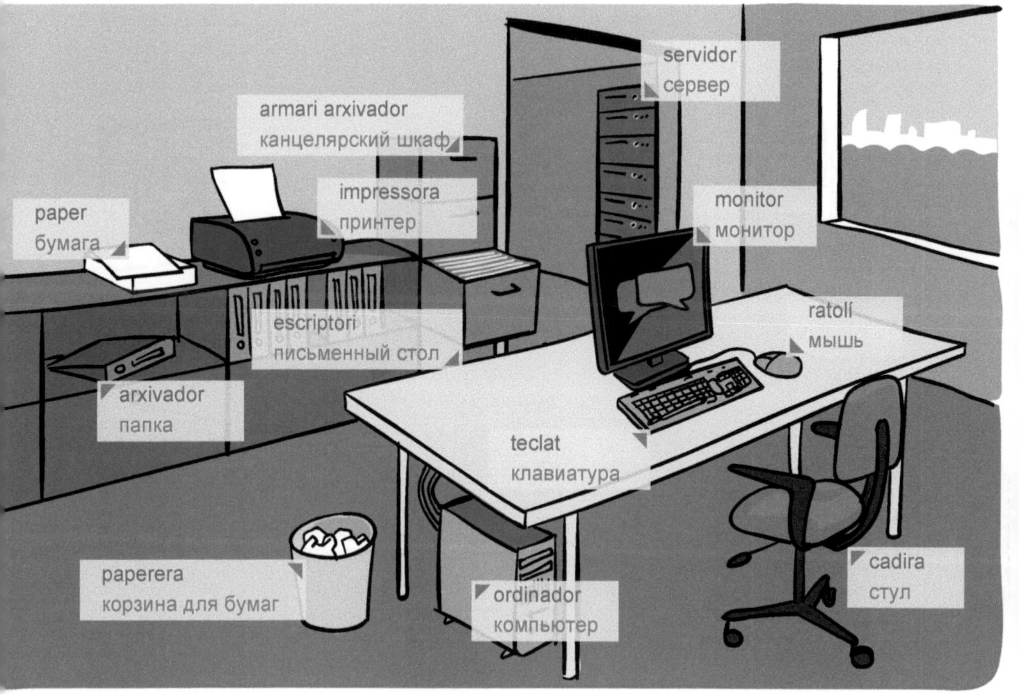

servidor
сервер

armari arxivador
канцелярский шкаф

impressora
принтер

paper
бумага

monitor
монитор

escriptori
письменный стол

ratolí
мышь

arxivador
папка

teclat
клавиатура

cadira
стул

paperera
корзина для бумаг

ordinador
компьютер

tassa de cafè

кофейная кружка

calculadora

калькулятор

Internet

интернет

ordinador portàtil

ноутбук

lletra

письмо

missatge

сообщение

mòbil

мобильный телефон

xarxa

сеть

fotocopiadora

ксерокс

programari

программа

telèfon

телефон

presa de corrent

розетка

fax

факс

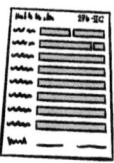

formulari

формуляр

document

документ

comprar
покупать

pagar
платить

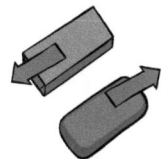
comerciar
торговать

diners
деньги

USD
dòlar
доллар

EUR
euro
евро

JPY
ien
иена

RUB
ruble
рубль

CHF
franc suís
франк

CNY
renminbi
жэньминьби юань

INR
rupia
рупия

caixa automàtica
банкомат

oficina de canvi

пункт обмена валюты

or

золото

argent

серебро

petroli

нефть

energia

энергия

preu

цена

contracte

договор

impost

налог

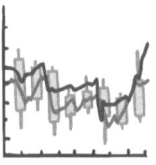

acció

акция

treballar

работать

treballador

служащий

empresari

работодатель

fàbrica

фабрика

botiga

магазин

oficis
профессии

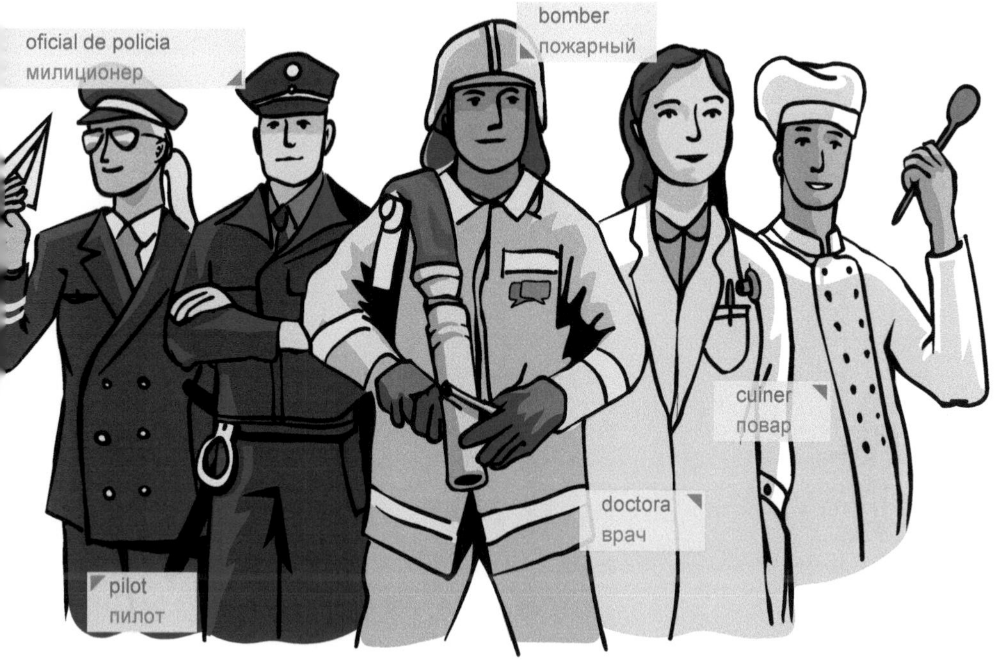

oficial de policia
милиционер
bomber
пожарный
cuiner
повар
doctora
врач
pilot
пилот

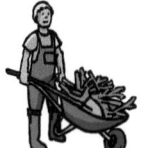

jardiner

садовник

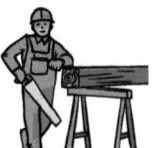

fuster

столяр

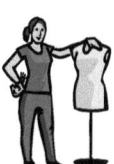

costurera

швея

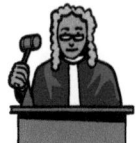

jutge

судья

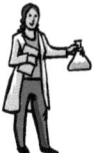

química

химик

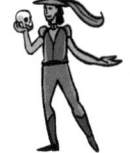

actor

актёр

conductor d'autobús

водитель автобуса

taxista

таксист

pescador

рыбак

dona de la neteja

уборщица

ensostrador

кровельщик

cambrer

официант

caçador

охотник

pintor

художник

forner

пекарь

electricista

электрик

obrer de la construcció

строитель

enginyer

инженер

carnisser

мясник

llanterner

сантехник

correu

почтальон

soldat

солдат

arquitecte

архитектор

caixera

кассир

florista

флорист

perruquer

парикмахер

revisor

кондуктор

mecànic

механик

capità

капитан

dentista

зубной врач

científic

ученый

rabí

раввин

imam

имам

monjo

монах

capellà

священник

eines

инструменты

martell
молоток
tenalles
плоскогубцы
descaragolador
отвёртка
clau anglesa
гаечный ключ
llanterna
карманный ф

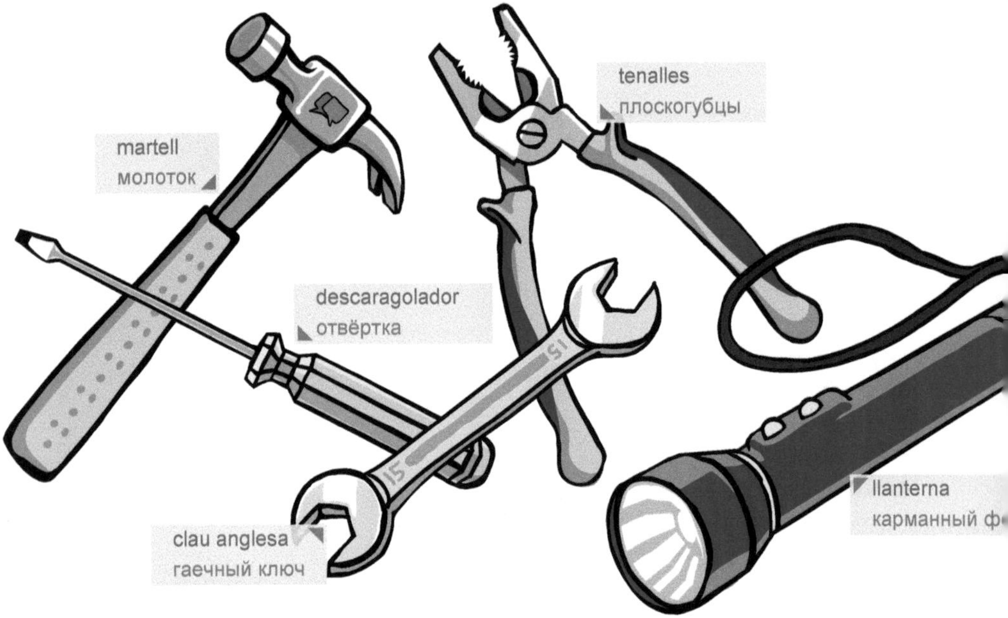

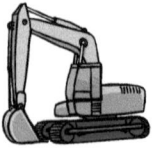

excavadora

экскаватор

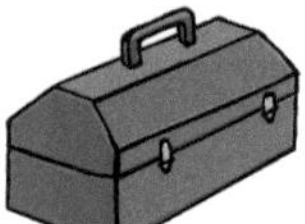

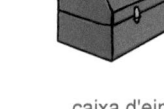

caixa d'eines

ящик для инструментов

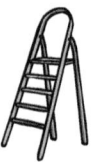

escala

стремянка

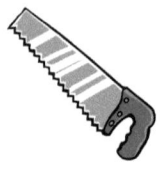

serra

пила

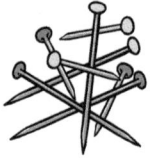

claus

гвозди

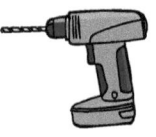

trepant

дрель

reparar

ремонтировать

pala

лопата

Maleït siga!

Блин!

pala

совок

pot de pintura

ведро с краской

caragols

винты

instrument de música

музыкальные инструменты

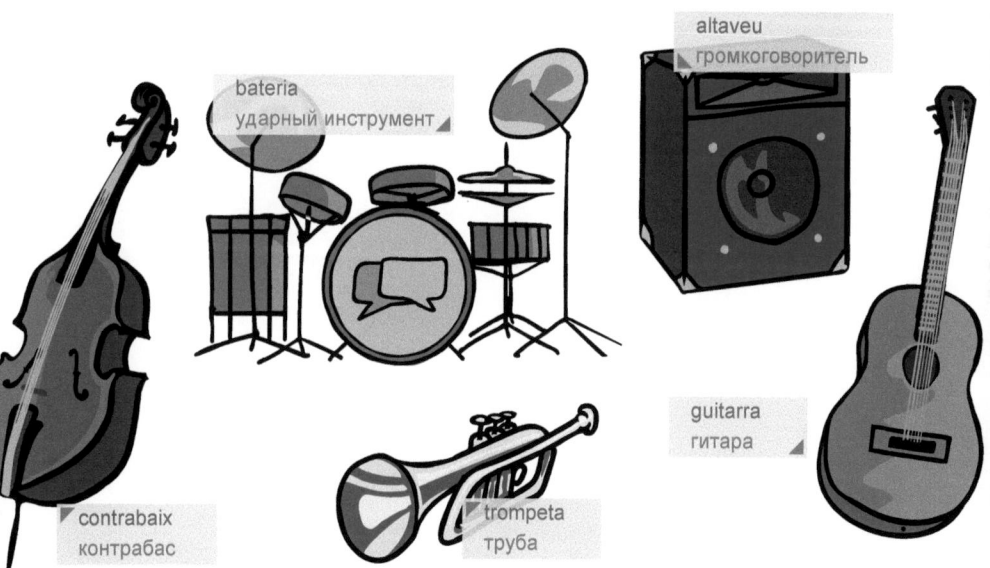

bateria
ударный инструмент

altaveu
громкоговоритель

contrabaix
контрабас

trompeta
труба

guitarra
гитара

piano

пианино

violí

скрипка

baix

бас-гитара

timbal

литавры

tambor

барабан

teclat

синтезатор

saxofon

саксофон

flauta

флейта

micròfon

микрофон

instrument de música - музыкальные инструменты

tigre
тигр

entrada
вход

gàbia
клетка

zebra
зебра

aliment per a animals
корм

ós panda
панда

animals

животные

elefant

слон

cangurú

кенгуру

rinoceront

носорог

goril·la

горилла

ós

медведь

camell

верблюд

estruç

страус

lleó

лев

simi

обезьяна

flamenc

фламинго

papagai

попугай

ós polar

белый медведь

pingüí

пингвин

ca mari

акула

paó

павлин

serp

змея

cocodril

крокодил

guardià del zoo

служитель зоопарка

foca

тюлень

jaguar

ягуар

poni

пони

lleopard

леопард

hipopòtam

бегемот

girafa

жираф

àliga

орёл

senglar

кабан

peix

рыба

tortuga

черепаха

morsa

морж

guineu

лиса

gasela

газель

futbol americà
американский футбол

ciclisme
езда на велосипеде

tenis
теннис

bàsquet
баскетбол

natació
плавание

boxa
бокс

hoquei sobre gel
хоккей

futbol americà
футбол

bàdminton
бадминтон

atletisme
лёгкая атлетика

handbol
гандбол

esquí
лыжный спорт

polo
поло

saltar
прыгать

abraçar
обнимать

riure
смеяться

anar
идти

cantar
петь

pregar
молиться

fer un petó
целовать

somiar
мечтать

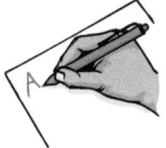

escriure

писать

dibuixar

рисовать

mostrar

показывать

pitjar

нажимать

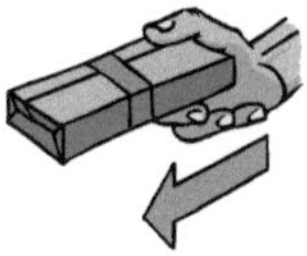

donar

давать

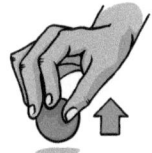

prendre

брать

tenir

иметь

fer

делать

ésser

быть

estar dret

стоять

córrer

бежать

estirar

тянуть

llançar

бросать

caure

падать

jeure

лежать

esperar

ждать

portar

носить

asseure's

сидеть

vestir-se

надевать

dormir

спать

despertar-se

просыпаться

activitats - действия

mirar

рассматривать

plorar

плакать

amoixar

гладить

pentinar

причесывать

parlar

говорить

comprendre

понимать

demanar

спрашивать

escoltar

слушать

beure

пить

menjar

кушать

endreçar

наводить порядок

estimar

любить

cuinar

готовить

conduir

ехать

volar

летать

navegar

ходить под парусом

calcular

считать

llegir

читать

aprendre

учиться

treballar

работать

casar-se

вступать в брак

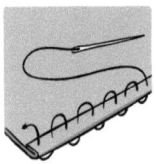

cosir

шить

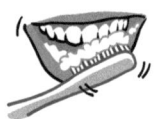

raspallar-se les dents

чистить зубы

matar

убивать

fumar

курить

enviar

отправлять

activitats - действия

àvia
бабушка

avi
дедушка

pare
папа

mare
мама

nadó
младенец

filla
дочь

fill
сын

convidat

гость

tia

тетя

oncle

дядя

germà

брат

germana

сестра

cos

тело

front
лоб
ull
глаз
espatlla
плечо
dit
палец
cara
лицо
barbeta
подбородок
mà
кисть
cama
нога
pit
грудь
braç
рука

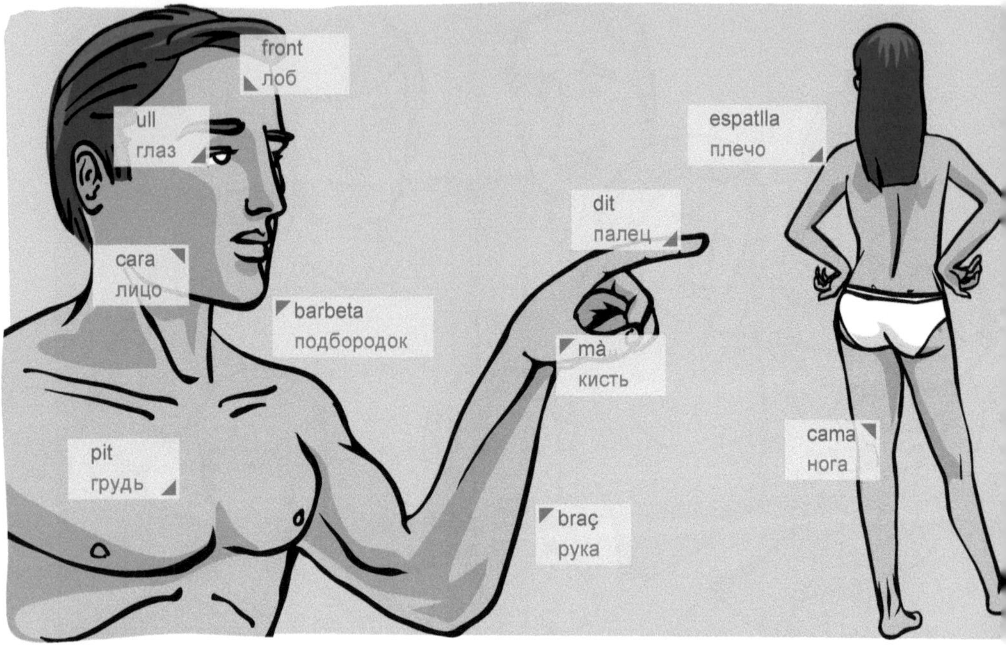

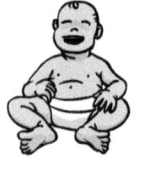

nadó

младенец

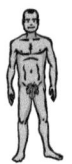

home

мужчина

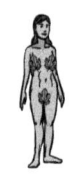

dona

женщина

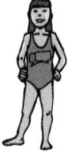

noia

девочка

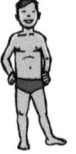

noi

мальчик

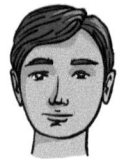

cap

голова

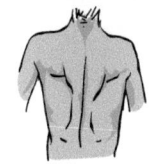

esquena

спина

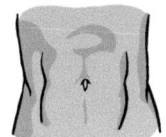

panxa

живот

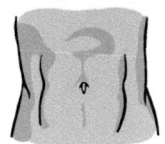

melic

пупок

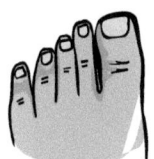

dit gros del peu

палец ноги

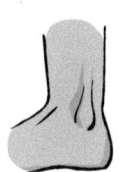

taló

пятка

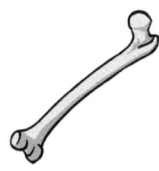

os

кость

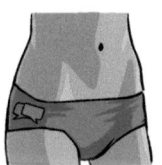

maluc

бедро

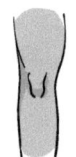

genoll

колено

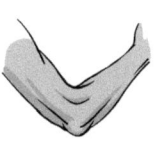

colze

локоть

nas

нос

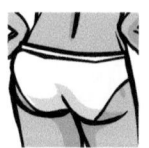

cul

ягодицы

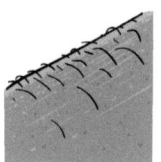

pell

кожа

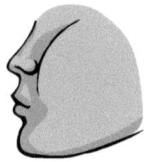

galta

щека

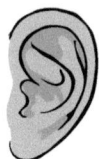

orella

ухо

llavi

губа

boca

рот

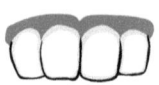

dent

зуб

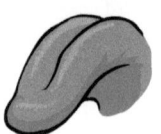

llengua

язык

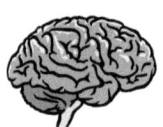

cervell

мозг

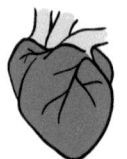

cor

сердце

múscul

мышца

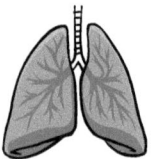

pulmó

лёгкое

fetge

печень

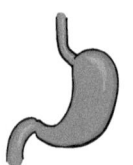

estómac

желудок

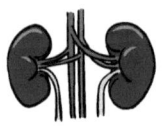

ronyó

почки

relació sexual

половой акт

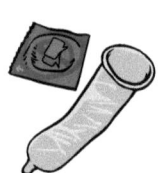

preservatiu

презерватив

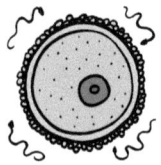

ovari

яйцеклетка

semen

сперма

prenyat

беременность

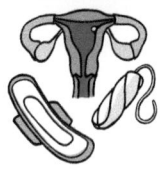

menstruació
менструация

vagina
вагина

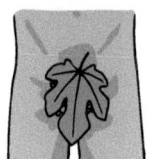

penis
пенис

cella
бровь

cabells
волосы

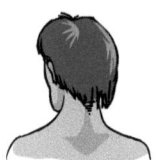

coll
шея

hospital
больница

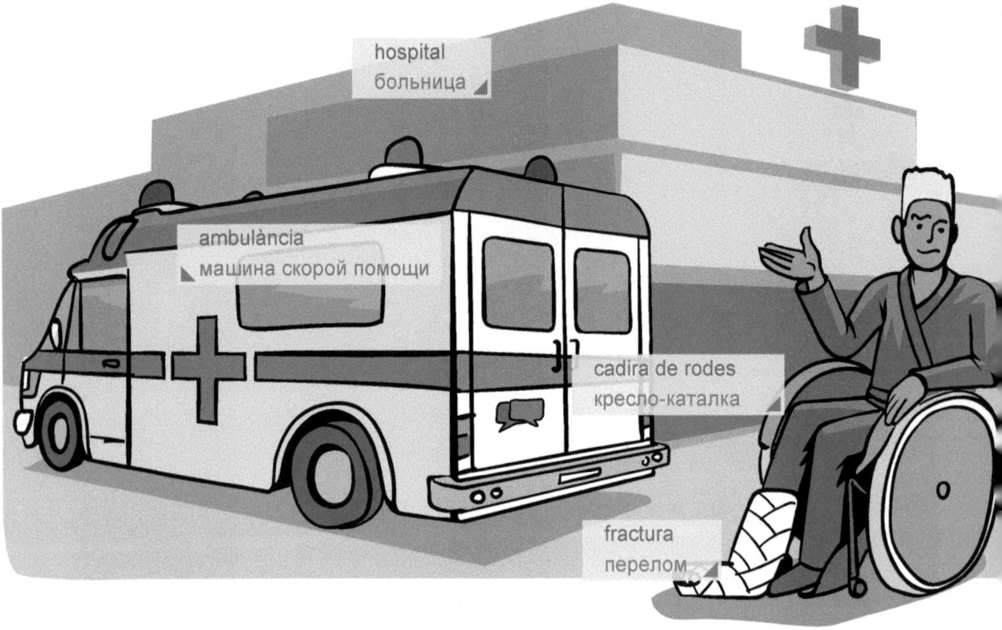

hospital
больница
ambulància
машина скорой помощи
cadira de rodes
кресло-каталка
fractura
перелом

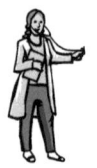

doctora

врач

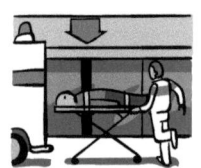

sala d'urgències

пункт первой помощи

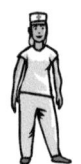

infermera

медсестра

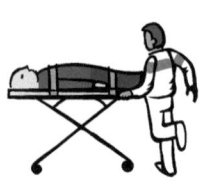

urgència

неотложный случай

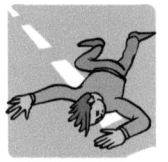

inconscient

без сознания

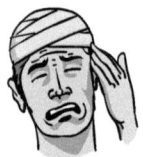

dolor

боль

ferida

повреждение

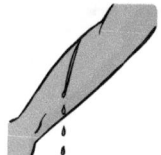

sagnament

кровотечение

atac de cor

инфаркт

apoplexia

инсульт

al·lèrgia

аллергия

tos

кашель

febre

вышенная температура

gripa

грипп

diarrea

понос

mal de cap

головная боль

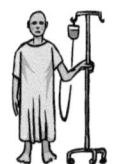

càncer

рак

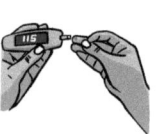

diabetis

диабет

cirurgià

хирург

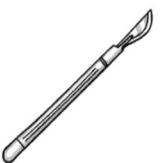

escalpel

скальпель

operació

операция

tomografia computada (TC), TAC

КТ

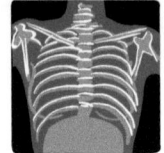

raigs x

рентген

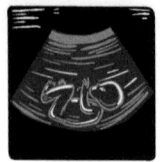

ultrasò

ультразвук

mascareta

маска

malaltia

болезнь

sala d'espera

приёмная

crossa

костыль

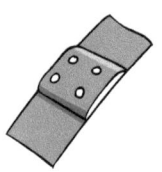

tireta

пластырь

embenat

бинт

injecció

укол

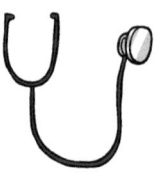

estetoscopi

стетоскоп

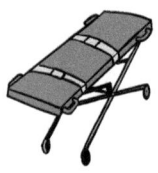

llitera

носилки

termòmetre clínic

термометр

pariment

рождение

sobrepès

избыточный вес

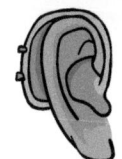

aparell auditiu

слуховой аппарат

desinfectant

дезинфекционное средство

infecció

инфекция

virus

вирус

VIH / SIDA

ВИЧ / СПИД

medicina

лекарство

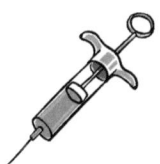

vaccí

прививка

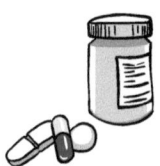

comprimits

таблетки

píl·lola

противозачаточная таблетка

trucada d'urgència

экстренный вызов

tensiòmetre

прибор для измерения кровяного давления

malalt / sà

больной / здоровый

Socors!
Помогите!

alarma
сигнал тревоги

assalt
нападение

atac
атака

perill
опасность

sortida-eixida d'urgència
запасной выход

Foc!
Пожар!

extintor
огнетушитель

accident
несчастный случай

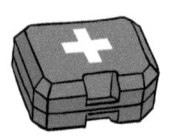

farmaciola de primers
auxilis
аптечка

SOS
SOS

policia
милиция

Europa

Европа

Amèrica del Nord

Северная Америка

Amèrica del Sud

Южная Америка

Àfrica

Африка

Àsia

Азия

Austràlia

Австралия

Atlàntic

Атлантический океан

Pacífic

Тихий океан

Oceà Índic

Индийский океан

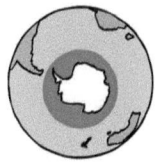

Oceà Antàrtic

Антарктический океан

Oceà Àrtic

Северный Ледовитый
океан

pol nord

Северный полюс

pol sud

Южный полюс

Antàrtida

Антарктика

terra

земля

país

суша

mar

море

illa

остров

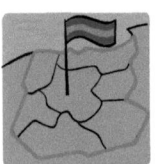

nació

нация

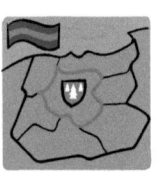

estat

государство

quadrant

циферблат

agulla de les hores

часовая стрелка

agulla dels minuts

минутная стрелка

agulla dels segons

секундная стрелка

Quina hora és?

Который час?

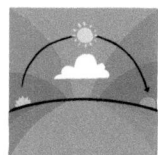

dia

день

temps

время

ara

сейчас

rellotge digital

электронные часы

minut

минута

hora

час

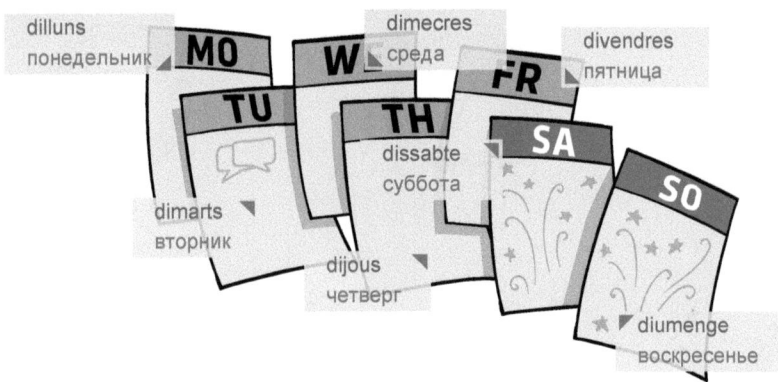

dilluns
понедельник

MO

dimecres
среда

W

FR

divendres
пятница

TU

TH

dissabte
суббота

SA

SO

dimarts
вторник

dijous
четверг

diumenge
воскресенье

ahir

вчера

avui

сегодня

demà

завтра

matí

утро

migdia

полдень

tarda

вечер

MO	TU	WE	TH	FR	SA	SU
1	2	3	4	5	6	7
8	9	10	11	12	13	14
15	16	17	18	19	20	21
22	23	24	25	26	27	28
29	30	31	1	2	3	4

dia feiner

рабочие дни

MO	TU	WE	TH	FR	SA	SU
1	2	3	4	5	6	7
8	9	10	11	12	13	14
15	16	17	18	19	20	21
22	23	24	25	26	27	28
29	30	31	1	2	3	4

cap de setmana

выходные

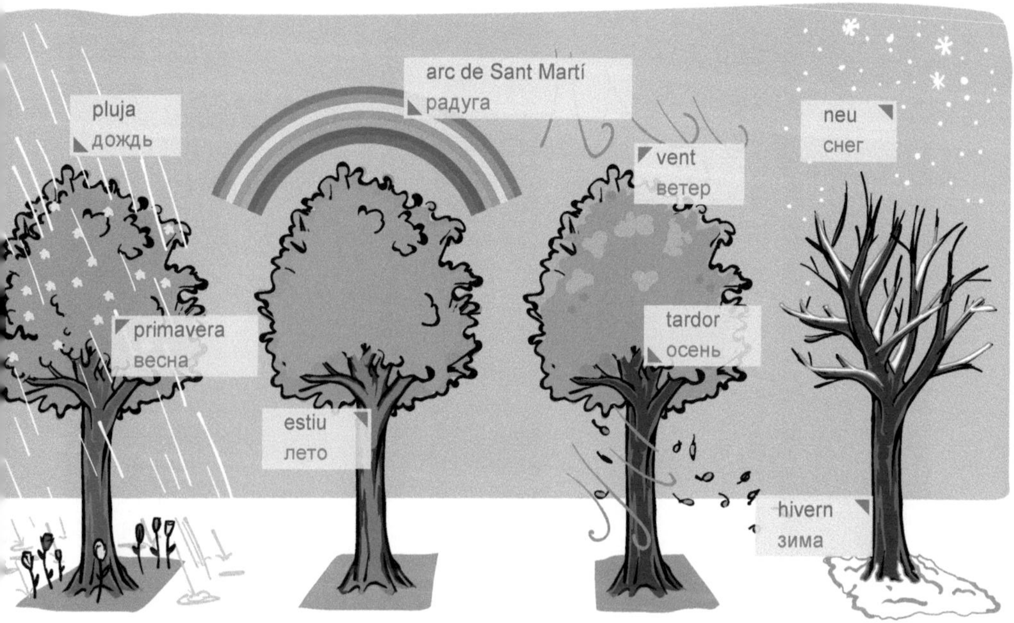

pluja
дождь

arc de Sant Martí
радуга

vent
ветер

neu
снег

primavera
весна

tardor
осень

estiu
лето

hivern
зима

4.APRIL	11°	☀
5.APRIL	4°	☁
6.APRIL	13°	☁
7.APRIL	8°	☀
8.APRIL	10°	☀

pronòstic del temps

прогноз погоды

termòmetre

термометр

llum del sol

солнечный свет

núvol

туча

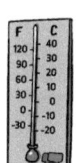

boira

туман

humiditat de l'aire

влажность воздуха

llamp

молния

tro

гром

tempesta

буря

calamarsa

град

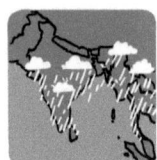

monsó

муссон

inundació

наводнение

gel

лёд

gener

январь

febrer

февраль

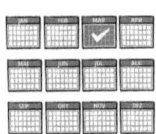

març

март

abril

апрель

maig

май

juny

июнь

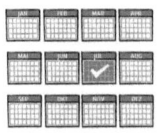

juliol

июль

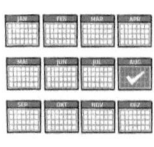

agost

август

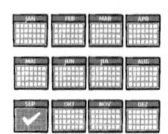

setembre

сентябрь

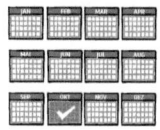

octubre

октябрь

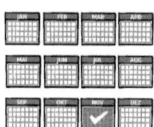

novembre

ноябрь

desembre

декабрь

formes
формы

cercle

круг

quadrat

квадрат

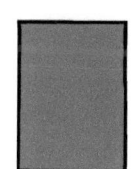

rectangle

прямоугольник

triangle

треугольник

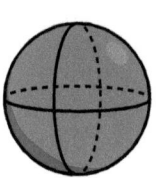

esfera

шар

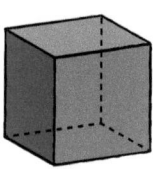

cub

куб

цвета

blanc

белый

groc

желтый

taronja

оранжевый

rosa

розовый

vermell

красный

lila

лиловый

blau

синий

verd

зелёный

marró

коричневый

gris

серый

negre

черный

molt / poc

много / мало

emprenyat / tranquil

яростный / мирный

bonic / lleig

красивый / уродливый

començament / fi

начало / конец

gran / petit

большой / маленький

clar / fosc

светлый / темный

germà / germana

брат / сестра

net / brut

чистый / грязный

complet / incomplet

полный / неполный

dia / nit

день / ночь

mort / viu

мёртвый / живой

ample / estret

широкий / узкий

comestible / immenjable

съедобный / несъедобный

dolent / amable

злой / дружелюбный

entusiasmat / entediat

взволнованный /
скучающий

gros / prim

толстый / худой

primer / darrer

сначала / в конце

amic / enemic

друг / враг

ple / buit

полный / пустой

dur / tou

твёрдый / мягкий

pesant / lleuger

тяжёлый / легкий

gana / set

голод / жажда

malalt / sà

больной / здоровый

il·legal / legal

незаконный / законный

intel·ligent / ximple

умный / глупый

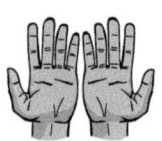

esquerra / dreta

слева / справа

prop / llunyà

близко / далеко

oposats - противоположности

nou / usat

новый / подержанный

res / quelcom

ничто / нечто

vell / jove

старый / молодой

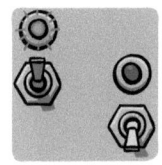

encès / apagat

включено / выключено

obert / tancat

открыто / закрыто

silenciós / sorollós

тихо / громко

ric / pobre

богатый / бедный

correcte / incorrecte

правильный /
неправильный

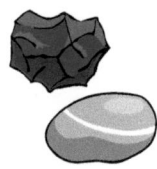

aspre / suau

шероховатый / гладкий

trist / content

печальный / счастливый

curt / llarg

короткий / длинный

lent / ràpid

медленный / быстрый

humit / sec - eixut

мокрый / сухой

calent / fred

тёплый / прохладный

guerra / pau

война / мир

0

zero

ноль

1

u

один

2

dos

два

3

tres

три

4

quatre

четыре

5

cinc

пять

6

sis

шесть

7

set

семь

8

vuit

восемь

9

nou

девять

10

deu

десять

11

onze

одиннадцать

12
dotze

двенадцать

13
tretze

тринадцать

14
catorze

четырнадцать

15
quinze

пятнадцать

16
setze

шестнадцать

17
disset

семнадцать

18
divuit

восемнадцать

19
dinou

девятнадцать

20
vint

двадцать

100
cent

сто

1.000
mil

тысяча

1.000.000
milió

миллион

anglès

английский

anglès americà

американский английский

xinès mandarí

мандаринский китайский

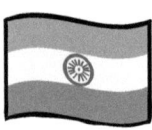

hindi

хинди

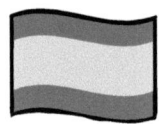

espanyol

испанский

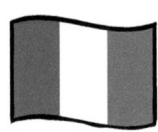

francès

французский

àrab

арабский

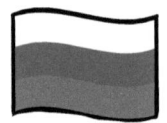

rus

русский

portuguès

португальский

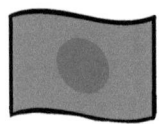

bengalí

бенгальский

alemany

немецкий

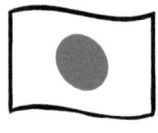

japonès

японский

jo

я

tu

ты

ell / ella / allò

он / она / оно

nosaltres

мы

vosaltres

вы

ells

они

qui?

кто?

què?

что?

com?

как?

on?

где?

quan?

когда?

nom

имя

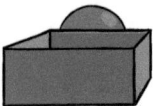

darrere

за

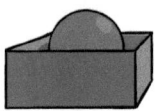

en

в

davant de

перед

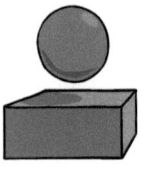

damunt

над

sobre

на

sota

под

al costat

рядом

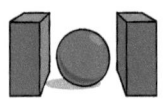

entre

между

lloc

место